L6 1903.

LES

MÉDITATIONS

DE CHARLES X,

SUIVIES DU RAPPEL DE DEUX JÉSUITES.

PUBLIÉES

PAR M. BELLEMARE,

Auteur des *Trois procès dans un*, du *Collége de mon fils*,
et de divers autres ouvrages sur les jésuites.

Haud ignara mali miseris succurrere disco.

« Mon propre exil m'attache aux autres exilés. »

Paris,

CHEZ G.-A. DENTU, IMPRIMEUR-LIBRAIRE,
rue d'Erfurth, n° 1 *bis*;
ET PALAIS-ROYAL, GALERIE VITRÉE, n° 13.

1833.

PARIS.—IMPRIMERIE DE G.-A. DENTU,
rue d'Erfurth, n. 1 *bis*.

Préface.

———

Lorsque les principaux acteurs de la révolution de juillet sont venus, de leur propre mouvement, déclarer à la face du soleil que les jésuites n'avaient jamais été pour eux que des êtres fantastiques, dont ils s'étaient servis uniquement pour jouer une comédie, qu'avez-vous pensé de cette démarche? Vous êtes-vous imaginé par hasard que le repentir, la probité, ou la pensée d'une réparation, avaient pu entrer pour quelque chose dans cette espèce de confession? Si telle était votre manière de voir, vous seriez dans une grande erreur.

Le calcul dont *les comédiens de quinze ans* se sont avisés, après qu'ils n'ont plus eu besoin de tromper personne, n'a été de leur part qu'un trait d'esprit et d'amour-propre. Dans le temps où ils abusaient de votre simplicité, ils avaient été obligés de se rendre absurdes jusqu'à la honte, pour faire passer des fourberies qu'ils savaient bien n'être soutenables qu'autant que la vérification des faits et le grand jour n'arriveraient

a

pas. Ils vous avaient dit que les jésuites étaient la source de tout mal, et le seul obstacle qui s'opposât aux félicités de la France. Ils vous avaient dit que les jésuites dévoraient la fortune publique, et que jamais, avec eux, on n'arriverait aux gouvernemens à bon marché. Enfin, ils vous avaient dit que la marche du siècle, les progrès de la civilisation, l'âge d'or et le bonheur du monde se trouvaient arrêtés par les jésuites.

D'après la règle : *sublatâ causâ, tollitur effectus,* la chute de Montrouge et de Saint-Acheul devait donc être marquée, non seulement par la cessation des maux et des souffrances dont ils étaient cause, mais par une ère de prospérités inconnues jusqu'alors. Puisque c'était le régime des jésuites qui coûtait si cher, les budgets allaient donc diminuer de poids et de volume. Puisque c'étaient les jésuites qui s'opposaient à toutes les améliorations, tout allait donc s'améliorer. Puisque c'étaient les jésuites qui retardaient la marche du siècle, le siècle allait donc mieux marcher. En un mot, puisque c'étaient les jésuites qui empêchaient la France de nager dans le bonheur et la liberté, le bonheur et la liberté allaient donc couler à flots.

Les régénérateurs de juillet ayant ainsi posé eux-mêmes les promesses et les conditions, se trouvèrent naturellement embarrassés quand le dénouement des faits arriva, et qu'on put avoir l'idée de leur demander à voir les comptes. Après tout ce qu'ils avaient dit d'insensé au sujet des Pères de Montrouge et de Saint-Acheul, ils comprirent qu'ils étaient menacés d'un ridicule ineffaçable s'ils entreprenaient de soutenir la mystification plus long-temps, vis-à-vis d'un peuple abîmé de honte et de misère, qui avait à les sommer de leur parole, et à leur demander si c'était là l'heureux effet de la proscription des jésuites.

Pour se débarrasser des reproches qu'ils auraient à essuyer de la part de quiconque viendrait à ouvrir les yeux, ils trouvèrent plus court de faire l'aveu de leur fourberie, et de confesser hautement qu'ils avaient abusé de la crédulité des sots, pour faire réussir une conjuration à l'aide d'une comédie.

Au moins si ce n'est pas là de la probité, c'est de l'esprit. C'est se tirer d'embarras avec adresse, et montrer qu'on ne veut pas joindre la niaiserie à la mauvaise foi. Aussi remarque-t-on que les *comédiens de quinze ans* ne prennent point occasion de l'arrivée de deux jésuites à Prague, pour entreprendre de revenir sur la déclaration d'innocence qu'ils ont publiée en faveur de la Compagnie de Jésus. Ils paraissent avoir peur de s'engager dans de nouveaux mensonges, à cause des inconséquences et des absurdités qui en retomberaient sur eux.

Mais s'ils y renoncent, d'autres sont plus hardis. Des royalistes qui avaient eu jusqu'à présent le bonheur d'échapper au ridicule sur ce point, viennent mordre de gaieté de cœur à ce vieil hameçon rouillé que la révolution de juillet elle-même ne trouve plus bon à prendre des dupes. La manière dont on revient à la charge contre les jésuites reproduit exactement ce qui se passe quelquefois à la Chambre des députés, lorsque les amateurs d'amendemens et de sous-amendemens se les reprennent de la main à la main, pour essayer de les remettre au feu, après qu'ils ont été abandonnés par leurs premiers auteurs, et qu'ils ont usé le courage de trois ou quatre athlètes. Les jésuites, abandonnés aussi par les premiers comédiens auxquels ils ont eu précédemment affaire, et qui déclarent les relâcher faute de griefs, se voient repris en sortant de là, comme si de rien n'était, par la *jeune France* royaliste, qui veut en faire sa chose, sa thèse, son amendement, à la façon des plagiaires de la Chambre des députés.

Or, c'est ici que l'entreprise devient infiniment plus folle, sans contredit, qu'elle ne l'a jamais été. Il s'agit, en effet, d'hommes acquittés dans toutes les formes par un jugement solennel de leurs ennemis : il s'agit d'hommes dont on n'a personnellement que du bien à dire; qu'on a toujours défendus par conviction de leur innocence et de leurs vertus; dont on continue à proclamer le mérite et à faire l'éloge, tout en leur intentant un nouveau procès. Mais on se décide à les poursuivre et à les sacrifier, dit-on, malgré soi et contre la voix de sa conscience, parce que c'est une concession que la politique exige, et qu'il faut savoir faire de bonne grâce à l'opinion publique.

De quelle opinion publique voulez-vous parler? Est-ce de la mauvaise? vous savez bien qu'elle s'est retirée du combat en déclarant, comme Pilate devant le peuple, qu'elle ne voit rien à reprendre dans ces justes, et qu'elle renonce à les poursuivre. Ce sont les principaux organes de la classe révolutionnaire, ce sont les accusateurs eux-mêmes qui ont rendu cet arrêt. A propos de quoi donc votre condescendance pour eux? ils ne vous la demandent pas; ils ne cherchent point à revenir sur le jugement qu'ils ont porté. Vous leur accordez plus qu'ils ne peuvent accepter pour demeurer conséquens, et votre sacrifice les met dans l'embarras; car, après le témoignage qu'ils vous ont rendu des jésuites, ils ne peuvent plus vous considérer que comme fous ou lâches. Ils ne sauraient vouloir des victimes que vous leur offrez, après avoir reconnu qu'elles sont innocentes. A présent que vous savez ce qu'ils en pensent, vous les insultez de remettre en jugement ceux qu'ils ont acquittés.

Ce n'est donc point de la mauvaise opinion publique qu'il peut être question ici pour vous; c'est nécessairement de la bonne. Mais la bonne ne vous a jamais demandé le sacrifice des jésuites; elle vous a toujours dit qu'on les persécutait injustement, en haine de la religion et de la puissance légitime. Vous-mêmes, en toute occasion, vous les avez proclamés innocens et vertueux; vous les avez soutenus contre leurs per-

sécuteurs; et vous les soutenez encore en disant
que vous ne connaissez à leur charge que cette
ancienne prévention des libéraux, que vous n'a-
vez point partagée, et à laquelle ils ont renoncé.
Ce n'est donc ni la mauvaise ni la bonne opinion qui repousse maintenant les jésuites. Mais
voulez-vous, *jeune France* royaliste, qu'on vous
dise la vérité? c'est votre force d'outrecuidance,
c'est votre libéralisme substitué à l'autre, c'est
votre esprit d'irréligion personnelle, ce sont vos
espérances de domination exclusive qui repoussent aujourd'hui les jésuites. Vous craignez qu'ils
ne façonnent le duc de Bordeaux à une autre
image que la vôtre, et qu'ils ne lui recomman-
dent pas suffisamment les hautes capacités de la
jeune France royaliste. Vous avez raison; ils
ne régleront pas, comme vous, ses pratiques de
piété sur le nombre des *messes de Bonaparte.*

Dans le système de vos anciens adversaires,
l'irréligion vous paraît bonne à prendre; voilà
tout. Et c'est dans ce sens que vous entendez
qu'on vous prépare un règne qui puisse s'adap-
ter à vos convenances propres, à une certaine
réformation que vous avez rêvée; car vous êtes
aussi, vous, des régénérateurs dans votre genre.

Vous avez même la naïveté grande de nous en avertir, et de nous signifier congé, à nous têtes grises et caduques, que votre avenir, dites-vous, ne regarde point. Mais, ne vous y trompez pas, ces têtes grises en ont vu plus que vous, et en savent aussi plus long.

Apprenez, du reste, qu'en acceptant le congé que vous leur signifiez, elles ne l'acceptent pas pour leurs enfans. Ces enfans ont aussi un avenir; et elles n'entendent pas que ce soit vous qui le prépariez. Elles veulent qu'ils apprennent à se défendre contre vos principes régénérateurs, contre votre présomption et vos pernicieux systèmes. Si vous n'êtes pas disposés à faire le lit de nos enfans comme il nous convient qu'il soit fait, tant pis pour vous; car nous les chargeons de combattre et de mourir, quand il le faudra, pour la religion de leurs pères. En supposant que vous tentiez d'y déranger quelque chose, ils savent dès à présent ce qu'ils auront à faire. Ainsi ne comptez point sur eux, et même ne les promettez pas trop au duc de Bordeaux; car ils ne seront jamais à vous ni à lui qu'après Dieu.

Quant à vos timides concessions et à vos courtoisies envers les hommes de révolution, n'imaginez pas qu'ils fassent dépendre leurs suffrages, à l'égard de Henri V, du nom des maîtres qui dirigeront son éducation. Vous le feriez élever par l'abbé Châtel ou par le père Enfantin, qu'il ne leur conviendrait pas davantage pour cela. S'il doit rentrer dans le palais de ses ancêtres, ce ne seront pas les héros de juillet qui lui en ouvriront la porte. Il y a même beaucoup à présumer que ce ne sera pas non plus cette *jeune France* soi-disant royaliste, qui, avec ses quatre idées de politique ténébreuse et décousue, ne paraît pas y entendre grand' chose. Tout viendra de la religion et de la Providence, ou rien ne viendra; et pour préparer des voies de cette espèce, il doit y avoir de meilleures têtes à choisir que celles des jeunes doctrinaires de la nouvelle restauration.

MÉDITATIONS

DE CHARLES X.

~~~~~~

RÉFLEXIONS PRÉLIMINAIRES

DE CHARLES X.

———

Iᴌ est quelquefois bon, sans doute, que les rois, par de simples raisons de convenance et par le sentiment de leur dignité, sachent se placer au-dessus des faux jugemens que des sujets malveillans ou irréfléchis ne craignent pas de porter sur leurs actions. Souvent aussi, rien ne leur fait un devoir de répondre à d'injustes ou futiles reproches, autrement que par un noble silence, pour ne pas dire par une dédaigneuse impassibilité. Cependant, il peut survenir des circonstances où l'amour de la justice et de la vie; j'ai rappelé mes souvenirs; j'ai consulté mes ancêtres; j'ai interrogé l'histoire.... Et aussitôt une Société de Jésus, qui se lie à une multitude de grands évènemens, à l'action religieuse et politique des Etats; une Société qui a obtenu tant de louanges, excité tant de clameurs; qui se retrouve partout chargée à la fois de malédictions et entourée de bénédictions; qui n'a cessé de se voir tantôt appelée, tantôt repoussée par les princes, les philosophes et les grands; la Société de Jésus enfin s'est présentée à mon esprit comme un sujet particulier de méditation qui devait renfermer quelque mystère important, quelques enseignemens dignes de la plus sérieuse attention.

J'ai donc voulu remonter jusqu'à la source de cette célèbre Compagnie de Jésus, pour y chercher la cause d'une si étrange destinée. Je l'ai vue se répandre et se propager dans les différens Etats de l'Europe, et se faire ouvrir les régions les plus inconnues du globe, pour y porter la civilisation avec le flambeau du christianisme. En examinant avec soin la nature et les rapports de son ministère, ses succès et ses services, je me suis attaché à découvrir l'origine des toutes les haines exhalées contre elle, de toutes les persécutions qui lui furent suscitées, et dont la dernière ne saurait s'effacer de ma mémoire. Main-

tenant que toute la vérité m'est connue, quelle
raison pourrait m'engager à la retenir captive, et
m'empêcher de la faire éclater ? Puissent tous
ceux qui étaient naguère mes sujets, et dont il me
paraît plus facile de cesser d'être le roi que le
père, puissent-ils la comprendre comme moi et
en profiter!

Pour rentrer dans le sujet de méditation qui
m'occupe, quelle idée les rois et les peuples doi-
vent-ils se former des jésuites? Sont-ce des hommes qu'il faut craindre ou qu'il faut aimer; auxquels un roi peut donner sa confiance, ou dont
il doit se méfier; qu'il soit de son intérêt de re-
chercher ou de fuir, d'attirer dans ses États,
comme un bienfait pour ses peuples, ou de repousser par des proscriptions, comme un fléau
des sociétés?

Après un simple exposé des motifs qui ont
éclairé ma raison et déterminé mon choix, je ré-
pondrai aux observations que les sages du siècle
se croient en droit d'opposer à la prudence du
prince chrétien.

La Société de Jésus parut au moment où le
protestantisme proclamant une indépendance ef-
frénée pour les intelligences, s'efforçait de détruire l'unité de la monarchie religieuse, et d'a-
néantir par un contre-coup inévitable l'unité de

la monarchie temporelle; ébranlant les trônes comme les autels; marchant à la ruine des rois comme à celle des pontifes; enseignant aux hommes qu'ils étaient juges des préceptes divins aussi bien que des lois humaines; qu'ils avaient le droit de repousser tout dogme religieux dont leur raison individuelle ne comprendrait pas la vérité, et de mépriser toute loi civile dont ils n'apercevraient pas la sagesse et la justice.

Par ces principes destructeurs, les États se trouvaient menacés d'un bouleversement universel. L'esprit irréligieux qui enfante l'immoralité, l'esprit d'indépendance qui enfante la licence et la révolte, tout se réunissait alors pour produire l'anarchie, la décomposition et la mort.

La Société de Jésus se lève tout à coup, comme une lumière vive et pénétrante qui vient dissiper les sinistres vapeurs où il s'était déjà formé tant d'orages et amassé tant de tempêtes. Elle oppose une digue puissante au torrent qui porte de tous côtés le désordre et le ravage; partout ces vigoureux athlètes s'élancent dans l'arène, font face à tous les ennemis, repoussent toutes les attaques et ralentissent la marche des turbulens novateurs que la philosophie moderne commençait à jeter, comme des brandons révolutionnaires, entre les peuples et les gouvernemens. Il n'est point de sophisme qui ne soit dévoilé, point d'objection qui ne soit anéantie, point d'artifice qui ne soit déjoué, point d'innovation dangereuse qui ne soit repoussée par ces hommes de science et de vertu, qui avaient paru avec éclat dans les plus brillantes écoles de la capitale de France, et auxquels des témoignages solennels d'estime et d'admiration furent accordés, à Trente, par plusieurs souverains pontifes de l'Univers chrétien.

S'ils ne mirent pas un terme aux maux qui désolaient la religion, partout ils en affaiblirent les progrès, et en beaucoup de lieux ils vinrent à bout d'en tarir la source ; partout ils ont été les défenseurs des droits des monarques et de l'autorité spirituelle de l'Eglise. A toutes les époques de leur carrière, ils ont eu pour ennemis les fauteurs de troubles civils et religieux ; et pour amis les hommes d'ordre et de conservation. Aussi méritèrent-ils que la confiance des pontifes de la chrétienté leur livrât les chaires évangéliques pour y soutenir les intérêts de la foi. De même la bienveillance des princes leur ouvrit des écoles de tous côtés, et les préposa à la garde des mœurs, en leur confiant l'éducation de la jeunesse. Partout les peuples les accueillirent avec autant d'empressement que de reconnaissance.

Mais les novateurs poussèrent aussitôt contre eux des cris de colère et de vengeance; tous les apôtres du mensonge s'unirent pour leur jurer une haine implacable ; le protestantisme transmit en héritage de race en race, à tous les siens, son antipathie et son aversion profonde pour la Société de Jésus. Un protestant et un jésuite, ce sont deux natures qui se repoussent comme l'eau et le feu, comme la révolte et la fidélité. C'est le pasteur et le loup en présence d'un troupeau : l'un a les bras étendus pour le défendre, l'autre les dents ouvertes pour le dévorer.

En cela, du reste, les disciples ne font que se conformer aux conseils et aux préceptes des maîtres, qui leur ont toujours recommandé, par-dessus toute chose, de faire une guerre à mort à la Compagnie de Jésus, comme étant l'ennemie la plus redoutable que les révolutions puissent rencontrer dans leur marche contre l'Eglise et les Etats.

La cause qui a mérité aux jésuites une haine si cruelle et si honorable ne devrait-elle pas les recommander auprès des peuples et des princes, auprès de ceux-là surtout dont le protestantisme a détrôné les ancêtres et bouleversé les royaumes par ses principes et leurs funestes conséquences? Si les souverains qui ne règnent aujourd'hui que sur des sujets ennemis de la religion catholique pouvaient lire dans l'avenir et distinguer à découvert tout ce que les principes de la réforme leur préparent ou réservent à leurs successeurs ; s'ils pouvaient juger de quoi est capable un siècle où les peuples sont poussés à mettre en pratique la théorie de l'indépendance religieuse, quel ne serait pas leur effroi ! Indubitablement, ce ne seraient pas les jésuites qui leur causeraient alors le plus de frayeur ; et ils s'estimeraient peut-être heureux d'accepter les secours d'une Société habile autant que courageuse, qui n'a pas cessé, depuis son origine, de combattre avec ardeur tout ce qu'elle a rencontré de principes désastreux dans les écoles de la licence et de la rébellion.

PREMIÈRE MÉDITATION

DE CHARLES X.

———

A l'age où me voilà parvenu, c'est bien la
moindre chose, sans doute, qu'on daigne me
passer un conseil venant de moi-même, quand
ce ne serait que pour juger s'il peut y en avoir
de plus mauvais que ceux qui me sont venus des
autres. Personne n'a payé plus cher que moi le
droit de rentrer sous l'influence de son jugement personnel et de ses propres inspirations.
J'ai résolu d'user de ce droit, pour rectifier autant qu'il est possible une erreur grave de mon
règne.

Avec un mot insensé, dont quelques-uns de
mes amis s'étaient fait une idée fixe, et mes ennemis une arme redoutable contre ma personne,
on est venu à bout d'ébranler l'Etat et l'Eglise,
et de produire une des plus grandes catastrophes
révolutionnaires. Quand le mal est arrivé, il est
bien tard pour en examiner les causes. Mais

enfin ce sont des recherches qui ne sauraient être indifférentes. Si ce n'est pour en profiter soi-même, c'est pour en faire profiter les autres. Chargé, comme père, de préparer l'avenir de l'orphelin-royal dont la Providence m'a confié le jeune âge, il importe de résumer pour lui toute l'expérience, et jusqu'aux fautes de ma vie, afin qu'elles servent à l'éclairer et à le rendre plus heureux que moi. Il faut qu'il sache de bonne heure ce qu'il m'en a coûté pour faire à la perfidie des uns et à la folie des autres la concession qui m'était demandée contre les jésuites, sous prétexte d'apaiser les troubles religieux et politiques que mes ennemis fomentaient à dessein pour entretenir l'apparence de ces dangers imaginaires. Il faut qu'il sache que c'est à dater de cette concession que tout est devenu funeste à sa famille et à la France, et que c'était là le commencement de l'incendie qui s'allumait. Il est de mon devoir de lui en développer les causes, et de chasser de son esprit les fausses terreurs qui ont servi à me faire tomber moi-même dans les piéges dont la trahison m'avait entouré. Pour y parvenir, je ne connais rien de plus simple que le moyen qu'on emploie avec les autres enfans, lorsqu'on veut les guérir d'une peur imaginaire : on les conduit par la main vers les épou-

vantails qui les effraient de loin, afin qu'ils puissent se rassurer en les voyant de près et en les
touchant. C'est ainsi qu'il m'a paru convenable
d'en user à l'égard du duc de Bordeaux. Je veux
qu'il approche aussi du terrible épouvantail qui
a tant effarouché les esprits dans ces derniers
temps, pour qu'il soit en état de combattre les
fausses impressions auxquelles il pourra être exposé, soit comme homme, soit comme prince.

Je ne suis nullement inquiet pour lui des
suites du parti que je prends. Quand la révolution de juillet n'aurait pas expliqué à tout le
monde le secret de ce qu'elle a elle-même appelé sa
fourberie de quinze ans, ce n'est pas d'aujour-
d'hui que mon opinion est arrêtée sur le but de
l'entreprise dirigée contre les jésuites. Cette entreprise remonte jusqu'à l'origine même de cette
célèbre compagnie, qui, née des tempêtes de
l'Eglise, n'a jamais cessé, depuis lors, d'être la
digue que l'esprit de réforme, la philosophie et
l'impiété ont cherché à rompre la première. Milice formidable aux ennemis de la religion, ils
l'ont toujours rencontrée devant eux lorsqu'ils
ont levé la hache contre les portes éternelles:
aussi lui rendent-ils plus de justice par leur
haine implacable, que beaucoup de chrétiens
par leur timide témoignage; eux qui sont quel-

quefois si prompts à la renier à la vue des périls qu'elle affronte en leur faveur. Créée pour les dangers extraordinaires, pour les grands combats de l'Eglise catholique, elle a toujours rempli sa mission avec un courage héroïque et une infatigable persévérance.

Les turbulens chefs des sectes que le seizième siècle vit naître, furent les premiers dont elle arrêta la marche, en les combattant à outrance par l'enseignement de la chaire évangélique et par de savans écrits. Sans elle, l'invasion du protestantisme, cette révolte à double tranchant, qui commence par les autels pour finir par les trônes, devenait générale en Europe. Sous quelque forme qu'elle ait paru depuis, les jésuites l'ont reconnue, attaquée et poursuivie avec un succès qui a fait le désespoir des ennemis de Dieu et des rois. Jansénistes, philosophes incrédules, encyclopédistes, novateurs de toute espèce, réunis par l'insurrection contre l'autorité divine et humaine, tous ont trouvé cette courageuse milice devant eux, comme un rempart où leurs efforts venaient se briser.

Aussi, quelle importance n'ont-ils pas attachée tour à tour à se délivrer d'elle! Ici, c'est Calvin qui crie aux siens : *Mettez les jésuites à mort!* là, ce sont les conjurés de l'*Encyclo-*

pédie, les Diderot, les d'Holbach, les Voltaire, les d'Alembert, qui se disent entre eux : *Il faut courir sus aux grands grenadiers de l'Eglise; il faut commencer par les grands grenadiers; quand ils seront par terre, nous aurons bon marché du reste !* Ailleurs, c'est le jansénisme parlementaire qui s'associe à des femmes perdues de réputation pour faire périr, par des intrigues de cour, des hommes dont la censure est jugée trop sévère pour les mœurs du temps (1); enfin, partout où il s'est révélé, depuis trois cents ans, une pensée anti-religieuse ou anti-monarchique, elle s'est manifestée par un cri de proscription contre les jésuites : de sorte qu'il est démontré maintenant de mille manières, et par mille preuves éclatantes, que l'illustre Compagnie de Jésus n'est suspecte et odieuse aux ennemis de l'ordre social, qu'à cause de son esprit de sagesse et de conservation.

Ainsi, je comprends à merveille pourquoi tant de persécutions lui sont suscitées par les hommes qui ont de mauvais desseins à exécuter, des révolutions à préparer ou à soutenir, des nouveautés dangereuses à introduire dans l'Etat et dans l'Eglise; mais je n'entends rien absolu-

(1) *Voyez* la note (1) à la fin.

ment à la conduite de ceux qui, voulant le contraire, partagent cependant les mêmes préventions et le même esprit d'hostilité : ceci me paraît une contradiction inexplicable, et un accord de pensée tout à fait contre nature.

Si l'on interroge les évènemens historiques, il me semble que les princes bien inspirés sont ceux qui se sont associés à la noble lutte que les jésuites soutiennent en faveur de la religion et de la paix des Etats. Ce pays même, où l'exil m'a jeté; ce pays, qui jouit d'un gouvernement si paternel et d'une sécurité si profonde, n'a point dédaigné leurs efforts et leurs salutaires principes : il n'a garde de repousser les semences de bien qu'ils répandent sur la terre où ils passent, et avec lesquelles ils savent payer l'hospitalité qu'ils y reçoivent.

Celui que nous avons vu, au commencement du siècle, soumettre une grande partie de l'Europe au pouvoir de ses armes, dispersait par-là même successivement les faibles détachemens de la Compagnie de Jésus, qui, fuyant devant lui pour se resserrer hors des limites de sa domination, finirent par ne plus trouver qu'en Russie le peu de pierres dont ils ont besoin pour reposer leurs têtes. Le souverain de cet empire ne s'amusa point à discuter les noires chroniques

qui couraient le monde à leur sujet; il les admit
sans difficulté dans ses Etats, bien rassuré qu'il
était apparemment sur les terribles doctrines
que l'ignorance recueillait contre eux de la bouche du mensonge. On ne sache pas que cette hospitalité lui ait porté malheur. Ce même ordre
d'évènemens qui avait réduit les jésuites à n'a-
voir plus qu'un lieu de sûreté en Europe, voulut
aussi que ce lieu fût protégé par la Providence,
au point de devenir l'écueil où se brisa la plus
vaste et la plus puissante des ambitions connues.
Ce fut de là que le Ciel commença, pour la première fois, à renvoyer au célèbre conquérant les
foudres qu'il avait portées ailleurs de tous côtés,
sans que rien eût été capable de les éteindre.
S'il était vrai que la Société de Jésus fût si fatale
aux gouvernemens qui la protégent, au moins
voilà un exemple qui prouve que tous les princes
n'en meurent pas.

Pour ne rappeler ici que des choses connues
de tout le monde, il y a aussi des jésuites dans
les Etats pontificaux : eh bien! quand ces Etats
se trouvent ébranlés par des commotions révolutionnaires qui paraissent menacer de les englou-
tir, il arrive que la révolution de France elle-
même accourt pour les défendre; elle s'associe
pour ainsi dire, à son insu, aux principes reli-

gieux et aux travaux des jésuites ; elle vient protéger la terre qu'ils cultivent ; leurs ennemis de-
viennent les siens ; elle se trouve conduite,
comme par la main de la Providence, à soutenir
en Italie et la croix et les autels qu'elle a ren-
versés en France ; à servir la cause et à mettre
en sûreté dans les Etats romains la personne de
ces mêmes Pères qu'elle a chassés de Montrouge
et de Saint-Acheul. Assurément, ce ne sont
point là des signes de malédiction contre les jésuites ; ce n'est point là ce qui pourra prouver
que le Ciel les rejette et les abandonne à la fureur de leurs ennemis : au contraire, il se sert
de ces derniers pour les secourir.

Si de l'Italie nous descendons en Belgique,
voici encore un peuple qui appelle la Compagnie
de Jésus à son aide, pour l'opposer comme une
digue aux ravages de sa révolution et aux dangers
qui en sont la conséquence pour la religion de
ses pères. Ici, comme dans les trois exemples qui
précèdent, on remarque que les jésuites ne sont
nullement funestes à ceux qui les adoptent pour
leurs hôtes et leurs défenseurs. Les Belges sem-
blaient devoir être écrasés par la prépondérance
de la Hollande ; Dieu ne permet pas qu'ils suc-
combent : il suscite de nouveau la révolution
française, en lui envoyant la pensée d'aller les

délivrer du péril où ils se trouvent. Elle se charge de cette tâche à ses frais, sans rien compter ni examiner, sans même faire attention qu'elle épouse la querelle d'une nation religieuse qui montre une confiance particulière et une grande sympathie pour les jésuites. Ainsi tout s'arrange encore, de ce côté-là, pour que rien de malheureux ne vienne répondre à l'opinion qu'on s'est faite ailleurs des Pères de la Société de Jésus.

En Portugal, le même sujet d'observation se présente. Le prince qui gouverne ce royaume a eu l'esprit de ne point se laisser effrayer l'imagination par les absurdes histoires dont il doit avoir connaissance, comme tout le monde, au sujet des jésuites. Il les accueille avec une distinction particulière; il apprécie et encourage le bien qui résulte de leurs travaux; et quoique la grande persécution du 18e siècle ait commencé contre eux par son royaume; quoiqu'il paraisse avoir à payer, sous ce rapport, une dette plus forte que celle des autres, il recueillera tôt ou tard les fruits du principe conservateur qu'il a semé.

Aux divers exemples que la notoriété publique fait parler si hautement en faveur des systèmes qui admettent les jésuites, et des gouvernemens qui les choisissent comme auxiliaires, opposons maintenant des exemples d'une espèce toute différente. Deux fois, de mon temps, ils ont été proscrits en France, et deux révolutions ont suivi leur proscription. Si le mal ne se déclara pas aussi vîte dans un cas que dans l'autre, c'est qu'à la première époque, le principe du bien avait jeté des racines assez profondes pour que la nation française pût vivre encore vingt-cinq ans des fruits qui lui étaient restés de l'école religieuse; tandis qu'à la seconde époque, il ne fallait plus que remuer les cendres pour produire un nouvel embrasement révolutionnaire. Quoi qu'il en soit, les deux évènemens voisins de la destruction des jésuites sont remarquables par leur analogie. L'un a coûté la vie au roi le plus sage et le plus ver- tueux de l'Europe; l'autre m'a coûté la couronne. A coup-sûr, il n'y a point là de quoi recom- mander les actes qui ont servi de prélude à ces catastrophes. Quand la raison n'avertirait pas qu'une grande faute avait été commise, de si tristes suites le diraient assez.

A cette époque de vertige où divers autres gouvernemens préludaient à leur chute par les arrêts de proscription que la philosophie anti-religieuse leur dictait contre la Société de Jésus, les mêmes causes préparaient les mêmes effets. Sans le savoir, ils amassaient sur leurs tê- tes les révolutions qui les ont chassés comme ils

avaient chassé les jésuites. A commencer par
le souverain pontife, à qui le Ciel fit expier si
cruellement la faute que les gouvernemens philosophiques avaient arrachée à la faiblesse de
son prédécesseur, le saint-siége paya sa dette de
malédiction, pour avoir abandonné d'illustres
victimes, dont il était plus obligé que d'autres
de reconnaître l'innocence, de protéger le mérite et les vertus, de respecter les services et les
précieux travaux. Aussi, l'illustre Pie VII ne se
dissimula-t-il point l'origine de l'expiation qui
lui avait été léguée pour héritage. Plusieurs
fois, sous son pontificat, les jésuites trouvèrent
en lui un zélé réparateur de l'injustice qui pesait
sur eux; et c'est à lui qu'il fut donné d'y remé-
dier.

Deux États voisins du sien, Naples et la Sar-
daigne, avaient partagé, dans le temps, le délire
et les passions aveugles qui s'étaient déchaînés
contre la Société de Jésus. L'un et l'autre payèrent
la dette dont la philosophie les avait grévés. La
peine du talion fut infligée à leurs souverains;
et ils allèrent expier comme moi dans les exils,
l'injuste arrêt d'expulsion qu'ils avaient prononcé contre les jésuites. L'empereur Joseph II,
ce grand promoteur de nouveautés et de mesures
philosophiques, se trouva le premier inscrit sur

la liste des princes dont les Etats devaient des réparations à la religion, pour l'avoir frappée dans la personne de ses plus dignes défenseurs. C'était par la Belgique qu'il avait commencé ses funestes essais de réforme : ce fut la Belgique qui se trouva effacée la première du tableau de ses provinces.

. Enfin, le Portugal et l'Espagne avaient donné le signal de la proscription des jésuites. Deux choses étaient à punir dans les princes de ces royaumes, l'injustice et l'ingratitude, puisqu'il est vrai que la Compagnie de Jésus avait plus particulièrement contribué à l'éclat de leurs couronnes qu'à la prospérité d'aucune autre, sous le double rapport des conquêtes spirituelles et des conquêtes temporelles. Eh bien ! à peu de temps de là, et comme par un mystérieux arrêt de la Providence, les chefs de ces mêmes gouvernemens se virent condamnés à la spoliation et à l'exil, avec toute la rigueur qu'ils avaient mise à y condamner les autres. Aussi, à quelle pensée sont-ils revenus d'abord, après avoir subi la peine réservée aux grandes fautes qui se commettent contre la religion ou contre ceux que le Ciel se charge de protéger et de venger? Ils se sont hâtés de replacer leurs Etats sous la salutaire influence dont la philosophie anti-religieuse

les avait privés. Non seulement il y a là une réparation, mais un exemple.

Tout bien considéré donc, il est temps de
mettre à profit les leçons de l'expérience, et de
ne plus s'obstiner à regarder comme bon ce
qu'elle a déclaré funeste.

S'il était dans la destinée du dernier rejeton
de ma race de ne pouvoir rentrer en France
avec le Dieu de ses pères..., qu'il n'y rentre pas.

S'il devait ne point mettre ses droits sous la
protection de celui qui donne et retire les trônes....., qu'il y renonce.

S'il ne pouvait régner qu'en s'appuyant sur
l'esprit de réforme et de nouveauté, qu'en rom-
pant la chaîne des rois très-chrétiens....., qu'il
ne règne pas.

S'il prétendait régner selon les conseils de
cette jeunesse qui paraît l'attendre pour l'égarer
hors des voies de la religion....., qu'il ne règne
pas.

S'il était assez malheureux pour vouloir être
l'homme du parti philosophique , qui lui crie
de se séparer *de la grande majorité des Français,* et de n'aller à la messe *que comme Bonaparte*.....,'qu'il ne règne pas.

S'il osait entreprendre de régner, au milieu
de tant d'orages, sans recourir à la seule main

qui soit désormais capable de les apaiser....., qu'il ne règne pas.

S'il devait régner sous l'influence de l'esprit de vertige et d'erreur, qui ne l'appelle que pour l'associer à lui....., qu'il ne règne pas.

Si le rétablissement de l'ordre moral et religieux ; si le triomphe de la sagesse, de la justice et de la vérité ne doivent pas être l'objet de ses sollicitudes et le fruit de sa confiance dans la religion....., qu'il ne règne pas.

Enfin, s'il devait être assez aveugle pour ne pas voir que la légitimité du règne de Dieu l'emporte sur la sienne, et que le salut des sociétés veut qu'elle soit rétablie en France avant toute chose....., qu'il ne règne pas.

Ce n'est plus aux vagues systèmes et aux creuses conceptions de la politique qu'il peut être donné de guérir les intelligences, et de réparer le ravage des révolutions. Le monde joue, dans ce moment, à tout ou rien : son salut viendra de Dieu, ou il ne viendra de nulle part. Séparez la destinée du duc de Bordeaux des desseins de la Providence, et de ce qu'elle peut vouloir de lui pour le triomphe de sa propre cause, ce n'est plus qu'un roseau qui sera brisé par la première tempête.

DEUXIÈME MÉDITATION

DE CHARLES X.

ÉTRANGE condition des princes! ce ne sont point leurs amis qui prennent soin de les éclairer, ce sont leurs ennemis. Sans un transport de joie indiscrète qui est venu mettre la vérité dans la bouche des vainqueurs de juillet, je risquais de rester endormi sur une grave injustice que les autres m'avaient arrachée par surprise, contre une classe de prêtres innocens, dont ils avouent maintenant qu'ils n'avaient point à se plaindre.

Ainsi, grâce à mes ennemis, j'ai fini par entendre de bons conseils. Ils m'ont appris sans déguisement que leur cri de mort contre les *jésuites* n'était autre chose qu'un cri déguisé qui s'adressait à moi d'abord, et ensuite par extension, à tout ce qui est sacré dans le ciel et sur la terre; à la religion et à ses ministres; à Dieu lui-même, et à la croix qui a racheté le monde. C'est par eux que j'ai su que tout cet

ensemble était compris ainsi que moi et ma famille, dans un nom emprunté contre lequel ils
n'avaient point de véritables griefs. C'est ainsi
qu'ils m'ont expliqué eux-mêmes ce mystère d'i-
niquité, avec une incroyable franchise, en disant
que les jésuites étaient le fantôme, et moi la réalité.

Quoique ce ne soit peut-être pas par amour
pour la vérité qu'ils m'ont ouvert les yeux, je
leur sais bon gré de ce service; et si je n'en
profitais pas pour réparer la faute que j'ai invo-
lontairement commise, ce ne serait plus seulement une erreur que j'aurais à me reprocher, ce
serait la plus grave des injustices. Du moment
où je suis informé par ceux qui ont machiné
cette perfidie pendant quinze ans, que c'est un
piége qu'ils m'ont tendu sciemment par mauvais
vouloir, je dois avoir à cœur de réparer le mal
qu'ils m'indiquent comme étant l'effet d'un acte
surpris à ma bonne foi, et qui ne pouvait avoir
d'excuse qu'autant que ma conscience n'était
point avertie.

Ainsi, puisqu'il est reconnu et avéré maintenant que j'ai eu tort de signer l'arrêt de proscription des jésuites, et que c'était à Dieu et à
ma légitimité qu'on en voulait en les attaquant,
la cause de Dieu, celle de la France et de ma famille veut qu'elle soit effacée autant qu'elle peut

l'être. Ce n'est pas seulement un devoir que j'ai
à remplir, c'est un exemple que j'ai à donner à
ceux qui n'ont pas toujours le courage de reconnaître leurs torts, et de s'en accuser franchement. Il n'est point de magistrats honnêtes qui
ne se tinssent pour obligés d'en faire autant à
ma place. Quand ils viennent à découvrir qu'ils
ont été trompés par de faux témoignages, comme
je l'ai été par les conspirateurs de quinze ans, rien
ne leur paraît plus doux que de rendre l'hon-
neur et la considération aux accusés innocens.
Eh bien ! j'éprouve la même satisfaction à proclamer ce que ces libéraux m'ont appris de l'innocence des jésuites ; et si j'ai un regret au
monde, c'est qu'ils ne m'aient pas mis cinq ans
plus tôt dans le secret de leur perfidie.

Néanmoins, comme il est toujours temps
de revenir sur les fautes involontaires, je les re-
mercie bien sincèrement de m'avoir éclairé à
l'égard des dignes prêtres contre lesquels ils
m'avaient d'abord armé de tant de préventions
injustes et de sévérité. Comme ils s'y sont pris
un peu tard pour m'éclairer, j'espère bien qu'ils
m'aideront à débarrasser leur conscience et la
mienne, par l'empressement qu'ils mettront à
donner de bons conseils aux esprits incertains
où le doute peut encore subsister, et qui ne se

décident à ouvrir les yeux qu'à la dernière ex-
trémité.

Je connais un certain publiciste en particulier qui doit se sentir plus obligé qu'un autre à
me prêter secours pour détruire les effets du mensonge et rétablir la vérité; c'est celui qui a tant
montré de persévérance et de chaleur à poursuivre de ses fausses accusations les Pères de
Montrouge et de Saint-Acheul. Je suis bien embarrassé du reste pour lui en faire un reproche,
car c'était dans des vues de bienveillance pour
moi qu'il travaillait. Ce qui l'inquiétait de leur
part, c'était, disait-il, leur invincible propen-
sion au régicide; il paraissait uniquement préoc-
cupé de cette noire pensée, et la sûreté de ma
personne était le seul objet de ses sollicitudes.
Heureusement il doit être bien revenu de ses
frayeurs depuis qu'il sait, par l'aveu de ses amis,
de quoi il était question : je me flatte qu'il en
reviendra bien davantage encore en voyant l'a-
bandon que je mets à me livrer, moi et les miens,
à la terrible Société contre laquelle les libéraux
nous ont si souvent recommandé de nous tenir
en garde. Quand il n'y aurait que pour achever
de les tranquilliser, réellement c'est une bonne
pensée qui m'est venue.

Mais, au reste, il n'y a point à s'arrêter davantage sur un sujet où tout le monde est d'accord; c'est une affaire éclaircie. Les auteurs de la machination de quinze ans se sont confessés de leurs calomnies contre les jésuites, et Montrouge est déchargé d'accusation en matière de régicide comme en toute autre; voilà qui est fini et abandonné pour n'y plus revenir.

Mais à présent que je me trouve complètement guéri des mauvaises préventions qu'on avait cherché à m'inspirer contre la Compagnie de Jésus, un autre sujet de surprise et d'embarras me vient de la part d'une classe de royalistes dont je ne me défiais pas le moins du monde. Ne voilà-t-il pas qu'ils veulent m'ôter le duc de Bordeaux, sous prétexte qu'il leur appartient plus qu'à moi, et que c'est à eux à le façonner comme ils l'entendent pour les besoins de la jeune France et du siècle des lumières! Oui, vraiment, ils s'avisent de reprendre pour leur propre compte cette même intrigue de quinze ans que les autres ont abandonnée. Ainsi, je n'ai pas plutôt échappé aux perfidies des gens qui me haïssent, qu'il faut me voir attaqué par ceux qui m'aiment, ou, pour parler plus exactement, par ceux qui croient peut-être m'aimer. Ces derniers paraissent avoir gagné l'ancienne maladie des libéraux; et ce sont eux qui se chargent de me persécuter sur nouveaux frais, au sujet de quelques malheureux proscrits auxquels la malveillance la plus déterminée s'est vue réduite à renoncer, faute de prise. Est-ce que la jeune France royaliste voudrait, par hasard, me mettre en curatelle? Quoi! elle viendrait jusque dans l'intérieur de ma maison me donner des leçons de conduite, et me menacer de faire intervenir des femmes pour m'apprendre à vivre! En vérité, on n'y comprend plus rien; c'est un monde qui se désorganise. Tout roi que je suis, je n'oserais jamais me permettre de vouloir être maître chez les autres, comme ils se permettent de vouloir être maîtres chez moi. Réellement, je ne reviens pas du ton de familiarité dont ils me reprochent deux pauvres jésuites auxquels il m'a plu de rendre justice et d'accorder ma confiance; c'est tout au plus si leur célèbre ami des processions de Saint-Acheul m'en voudrait pour si peu de chose, lui qui les a tous aimés en masse.

Encore si ceux qui se mêlent de mes affaires de famille, sans en être requis, pouvaient se vanter de m'avoir donné de bons conseils quand il ne tenait qu'à eux de me bien diriger! ils auraient acquis le droit de remontrance, et il me paraîtrait tout simple de les écouter : mais, de bonne foi, je ne me trouve pas assez bien de la

manière dont ils m'ont servi comme pilotes, pour
être tenté de leur rendre le gouvernail, et de
résigner de nouveau mes volontés entre leurs
mains. Quand je n'aurais écouté que moi jusqu'à
présent, à coup-sûr il ne m'en serait pas arrivé
pire. Eh bien! maintenant, que ce soit un peu
à mon tour; et puisque les concessions m'ont si
mal réussi, non seulement en fait de jésuites,
mais sur tout le reste, je suis du moins assuré
d'une chose en essayant d'une autre méthode,
c'est que je n'aurai pas de plus grands risques à
courir. Aussi bien, ceux de mes amis qui ne me
trompaient point se sont toujours étonnés de
mon extrême facilité à me laisser dépouiller de
mes droits, et à céder mon pouvoir aux intrigans
qui en ont voulu. Si ces derniers ne trouvent
pas que ce soit assez de condescendance pour
eux, assurément ils sont bien difficiles.

Ce qui me surprend le plus au milieu de ces
espèces de violences et d'assauts, c'est de voir
que des hommes qui se disent à moi agissent
précisément comme ceux qui étaient contre moi;
c'est qu'ils aient attendu, pour faire la même
chose, que les autres se soient déclarés fourbes et
calomniateurs. Avec ceux-là, du moins, il y a
moyen de se reconnaître, et de comprendre quelque chose à leur conduite; ils conviennent qu'en

cherchant à me rendre persécuteur des jésuites, ils me voulaient du mal : c'est un ordre d'idées comme un autre ; ils l'ont suivi en y mettant du moins de la logique, et en s'arrangeant de manière à ne pas aller contre leur but. Mais que dire et penser de la logique des autres, qui, en me donnant les mêmes conseils à leur tour, prétendent me vouloir du bien ? J'en suis fâché pour mes soi-disant amis ; mais, si je ne me trompe, ce sont mes ennemis qui ont montré de la conséquence dans leur conduite. Comme exécuteurs d'un plan de révolution, ces derniers s'y sont parfaitement bien pris pour renverser le trône de France ; comme royalistes, au contraire, ceux qui paraissent vouloir maintenant les remplacer contre les jésuites, s'y prennent fort malhabilement pour le relever.

TROISIÈME MÉDITATION

DE CHARLES X.

———

Il n'est point permis à un prince de mon âge et de ma qualité de prendre légèrement un parti. Il lui faut des motifs qui puissent subir examen et supporter le grand jour. Puisque des serviteurs que j'ai lieu de croire fidèles et bien intentionnés pour moi m'avertissent qu'il y a péril pour la France à ce que deux jésuites s'introduisent dans les murs de Prague, il est juste de chercher la cause de leurs alarmes, pour y avoir égard si elles sont fondées et raisonnables.

Commençons donc par examiner s'ils éprouvent réellement l'inquiétude qu'ils veulent me faire partager Il y a lieu d'en douter, et en voici la preuve : c'est que ceux d'entre eux qui se disent les plus émus de voir deux jésuites s'approcher de mon petit-fils, ne dédaignent pas d'aller chercher les Pères de cette même Société dans les pays étrangers, pour leur confier leurs propres enfans. Or, j'ai de la peine à m'expliquer pourquoi ils entendent priver le duc de Bordeaux de ce qu'ils trouvent si avantageux et si excellent quand il s'agit d'eux-mêmes. Qu'auraient-ils à répondre s'il me plaisait de dire que c'est leur exemple qui a déterminé ma confiance, et qu'en voyant tels écrivains politiques qui me censurent avec le plus d'éclat conduire leurs fils au-delà des monts pour les faire élever par les exilés de Saint-Acheul, j'ai dû naturellement conclure de là que c'était une bonne école? Alors donc, de quoi viennent-ils se mêler ensuite de vouloir m'empêcher de choisir pour le duc de Bordeaux les maîtres qu'ils choisissent eux-mêmes comme les meilleurs pour les enfans qui leur appartiennent?

Ils m'attendent, du reste, à une objection qui leur paraît forte et embarrassante : ils prétendent que leur position est bien différente de la mienne, parce qu'ils ne sont pas obligés de céder aux stupides préventions qui repoussent les jésuites, et que, ne partageant point cette démence, rien ne les empêche de passer outre; tandis que moi je dois faire semblant de la partager et de lui sacrifier mes convictions pour tâcher de la calmer. Or, cette manière de raisonner est tout ce qu'on peut imaginer de plus déloyal et de plus

5

insensé. Ce n'est point en flattant les malades qu'on les guérit. Quand on est sûr que les gens sont atteints de folie, il faut attaquer les causes qui ont altéré leur raison et chercher des remèdes appropriés à la nature de leur mal. Autrement, sur quoi se fonderait-on pour espérer d'en voir jamais la fin? Il s'agit ici d'un désordre mental qu'on avoue et qu'on déplore, en disant seulement qu'il vaut mieux avoir l'air de le partager pour faire plaisir à ceux qui en sont atteints, que de travailler à les en guérir. Je ne sais, en vérité, s'il n'est pas préférable d'avoir perdu réellement la raison que de simuler ainsi la folie par calcul et par lâcheté.

Comment ceux qu'un intérêt tout personnel fait descendre jusqu'à cette nouvelle comédie, ne sentent-ils pas qu'une si indigne faiblesse de caractère les place fort au-dessous des conspirateurs qui ont joué le même rôle pendant quinze ans, mais qui l'ont joué du moins sans inconséquence et sans niaiserie? Puisqu'ils savent à quoi s'en tenir sur cette manie du jésuitisme qui a frappé tant de cerveaux, et qu'ils n'en sont point personnellement atteints, que ne le déclarent-ils hautement, plutôt que de vouloir m'associer à une telle démence, et me faire passer pour un aveugle comme les autres? Que ne s'attachentils à décrasser le peuple de son ignorance ; et au lieu de l'entretenir dans le mensonge, que ne lui apprennent-ils la vérité, puisqu'ils la savent? Cela serait moins inconséquent et plus loyal que de me traduire devant la multitude pour lui monter l'esprit contre moi, lorsqu'ils sont pleinement convaincus que c'est elle qui a tort et moi raison. Ce n'est point là le royalisme sensé qu'on devrait avoir après des leçons et des expériences si instructives; c'est une coupable rechute de faiblesse et de déraison.

Leur position était cependant bien avantageuse pour éclairer l'esprit du peuple, et le ramener au bon sens que les libéraux lui ont fait perdre. Puisqu'ils n'osent pas avouer hautement leurs propres convictions, et qu'ils ont une si terrible peur de laisser échapper au-dehors l'estime qu'ils ont au-dedans pour les jésuites, il se présente un moyen bien simple de concilier leurs devoirs de probité avec l'embarras où les met leur timide prudence : ils n'ont qu'à s'en tenir à la rétractation des libéraux au sujet des Pères de la Compagnie de Jésus. Cela ne peut engager leur responsabilité ni les compromettre en rien. Ce sont les conjurés de quinze ans qui ont tout pris sur leur compte; et ceux-là, il faut en convenir, ne se sont point amusés à faire de

la prud'hommie; ils ont su dire les choses comme
elles étaient, en déclarant qu'ils n'ont jamais eu
aucun reproche sérieux à faire aux jésuites, et
que, s'ils les ont pris à partie, c'était uniquement pour se moquer des simples et tromper les
sots.

Comme on ne guérit point de la peur, je ne
prétends pas exiger de la part d'une si timide
classe de confesseurs de la vérité, qu'ils en viennent jusqu'à oser dire tout haut ce qu'ils pensent tout bas de l'innocence des accusés : mais·
du moins, en se tenant à couvert derrière la responsabilité de ceux qui se sont reconnus fourbes, ne pourraient-ils pas avoir le courage de répéter au peuple les rétractations et les aveux de
ces derniers? ne pourraient-ils pas lui dire, sauf
le respect et la peur qu'ils lui doivent : « Bon
« peuple, voici un témoignage que tu n'oseras
« point récuser, quoiqu'il soit à la décharge des
« jésuites ; c'est celui de tes amis, les immortels
« de juillet, qui déclarent formellement qu'ils
« ont abusé au dernier point de ta sottise pour te
« faire dévorer les absurdités les plus épaisses au
« sujet des Pères de Montrouge et de Saint-
« Acheul. Un remords de conscience les a pris,
« et ils viennent maintenant se confesser à toi-
« même de t'avoir induit en mystification et en

« monomanie. Ils conviennent maintenant que
« cette légion de jésuites contre laquelle ils s'é-
« taient amusés à t'enflammer de colère, et à
« faire cabrer ton imagination, n'avait rien de
« redoutable pour toi ni pour personne. En un
« mot, ils avouent que ces malheureux prêtres,
« dont tu démolissais les oratoires et les cellules,
« que tu poursuivais à coups de fourches et de
« barres de fer jusqu'au fond des carrières de
« Montrouge, étaient les gens du monde les
« plus inoffensifs et les moins dangereux. Bon
« peuple, pour une seule fois que tes amis ont cru
« pouvoir te dire la vérité, ne leur fais pas l'in-
« jure de ne les point croire. Si tu as si bien ren-
« fermé dans ta tête les mille mensonges qu'ils
« ont imposés à ta crédulité, ne leur refuse pas
« ta confiance pour la seule chose vraie qu'ils
« t'aient dite de leur vie au sujet des jésuites.
« Fais-leur voir dans cette occasion que tu as
« plus de bon sens qu'ils ne t'en accordent, en
« commençant par pardonner à Charles X d'a-
« voir été trompé comme toi, et de vouloir ré-
« parer son erreur par un acte de justice. »

Ce langage si simple et si naturel, que j'aurais dû attendre de la part des royalistes les
moins consciencieux et les plus frivoles, leur a
paru trop fort et trop courageux; ils aiment

mieux en revenir à l'ancienne comédie des libéraux, et me jeter de nouveau les jésuites sur les bras, que de risquer de se compromettre par un hommage qu'ils savent être dû à la• vérité, ni par la moindre marque d'approbation qui pourrait échapper à leur probité. C'est lorsque mes ennemis se trouvent à peu près ramenés à la raison et à la pudeur, que mes amis se font peuple pour réchauffer contre moi les vieux rêves de la multitude, pour me signaler aux méfiances et me faire des crimes de mon équité.

Cette folie qui leur vient après coup s'étend déjà si loin, qu'ils vont jusqu'à me menacer de la colère de ma belle-fille, la duchesse de Berri, si je ne me hâte de lui livrer mes deux jésuites pour l'apaiser. Je ne sais de quelle manière ils ont pu être informés de son irritation contre moi, puisque le grief est récent, et qu'ils n'ont certainement pas eu le temps de la consulter avant de me signifier ses menaces. S'ils ont procuration générale de sa part, avec promesse de se laisser en tout gouverner par eux, je n'ai rien à dire; cela vient apparemment de la grande confiance qu'elle a dû prendre dans leurs conseils, en voyant les avantages qui en sont résultés pour elle jusqu'à présent, et dans la haute sagesse avec laquelle ils ont su la diriger : mais je

les avertis d'une chose, c'est que s'ils abusent de
sa procuration pour me faire gronder au sujet
de mes deux jésuites, et pour m'attirer les sé-
vères réprimandes qu'ils m'annoncent, ils lui
causeront beaucoup de chagrin, et la contrarie-
ront dans une de ses sympathies les plus pronon-
cées; car je me rappelle très-bien qu'il n'échappa
point, dans le temps, à sa pénétration, que le
cri de fureur qui s'élevait contre les Pères de la
Compagnie de Jésus avait plus de portée qu'on
ne l'imaginait, et cachait peut-être quelque
chose de sinistre dont cette première manifesta-
tion n'était que l'indice. La femme de Jules-
César n'avait pas eu de pressentimens plus noirs
la veille de la catastrophe qui la rendit veuve.
La vérité est qu'avec ces formes de négligence
et d'esprit sans prétention qui la distinguent,
elle montra sur cette grave affaire plus de sagesse
et de sagacité que tous mes ministres. Elle fit
preuve d'une raison et d'une portée de vue qui
auraient pu servir de présage à l'évènement pro-
chain d'une révolution, si alors la fatalité n'eût
pas voulu que personne ne fût disposé à y faire
attention. Aussi la mère du duc de Bordeaux,
dès lors plus femme forte qu'on ne le soupçon-
nait, fit-elle d'incroyables efforts pour détourner
le sacrifice qui se préparait contre les jésuites.

Enfin les choses en vinrent au point que, pour se débarrasser de ses importunités et de son énergie, on se vit comme forcé de la faire voyager pendant que l'arrêt dont elle augurait si mal serait porté ; encore eut-elle bien de la peine à se tenir la chose pour dite, même après que l'évènement qui lui déplaisait tant eut été consommé ; car elle ne changea pas de manière de voir pour cela, et elle garda ses pressentimens : si bien qu'il lui fut impossible de passer auprès d'une maison de jésuites sans se croire obligée d'aller leur porter des paroles de consolation et d'*espérance* (1) ; ce qui, par parenthèse, causait un vif déplaisir à MM. mes conseillers.

Ainsi elle me tromperait bien si elle avait changé là-dessus de sentiment au point de venir me gronder pour une chose, après m'avoir déjà grondé une première fois pour la chose contraire. Je serais forcé de conclure de là que ses amis lui auraient donné un mauvais conseil de plus que je ne croyais.

Il est un seul point raisonnable sur lequel j'aurais volontiers consenti à les écouter ; mais ils n'y ont pas songé : c'eût été de dire que le clergé de France est trop riche en lumières, en

(1) *Voyez* la note (2) à la fin.

vertus et en hommes méritans sous tous les rapports, pour que j'eusse pu être embarrassé de
trouver dans son sein l'équivalent de mes deux
jésuites.

Je n'aurais fait aucune difficulté d'examiner
une raison telle que celle-là, parce que vérita-
blement le clergé séculier de France se recom-
mande à mes yeux par tous les titres qui peuvent
inspirer la plus haute estime et la plus entière
confiance. Ce n'est pas après les nouvelles
épreuves qu'il vient de subir avec tant de gloire,
qu'il conviendrait de lui refuser le tribut d'é-
loges et de considération qui lui appartient. Je
reconnais donc très-volontiers que mon embarras
n'eût pas été grand pour trouver de ce côté-là
des vertus et des capacités dignes de fixer mon
choix. Mais voici les réflexions qui me sont ve-
nues à ce sujet : quel que soit l'ecclésiastique qui
approche de ma personne, ce sera toujours un
jésuite (1). Ainsi, sous le rapport des préventions, je n'ai rien à gagner à ce qu'il ne le soit
pas, puisqu'il est reçu dans le monde qu'aucun
ministre de la religion ne saurait paraître aux
lieux que j'habite sans qu'il soit réputé venir
de Montrouge ou de Saint-Acheul. Comme il

(1) *Voyez* la note (3) à la fin.

s'agit donc ici d'un inconvénient reconnu et déclaré inhérent à ma personne, ce n'est pas trop
la peine de se fatiguer l'esprit à chercher les
moyens d'y échapper. Je connais heureusement
fort peu de prêtres en France qu'on eût pu con-
sentir à me passer par faveur, sans les signaler
comme jésuites. Mais c'est précisément du côté
de ceux-là que je n'aurais point jeté les yeux (1).

Ce premier motif n'est pas le seul qui ait dû
détourner mon choix du clergé séculier de
France. Pour me créer là-dessus une cause dé-
terminante, il faudrait établir que les prêtres de
la Compagnie de Jésus lui sont inférieurs. Car il
suffit que l'égalité du mérite soit reconnue, pour
qu'on n'ait rien à me dire ; à présent surtout
que les bons juges de l'affaire conviennent qu'il
n'y a plus de tache originelle dans les jésuites,
et que l'interdit révolutionnaire est levé pour
eux. Or, l'égalité de mérite est un fait que l'on
ne conteste pas. Personne, que je sache, ne refuse aux jésuites les lumières, le savoir et les
vertus qui distinguent les supériorités du sacerdoce catholique. Et quant à l'obstacle qui résul-
tait de l'ancienne excommunication lancée contre
eux par les acteurs de la fourberie de quinze

(1) *Voyez* la note (4) à la fin.

ans, il n'en est plus question, Dieu merci, et la réhabilitation les rétablit dans le droit commun.

Aussi la révolution de juillet, voulant paraître conséquente, se garde-t-elle bien de me chicaner sur un point où je n'ai fait que la prendre au mot. Elle évite de s'exposer, à l'égard des jésuites, au reproche du *bis in idem ;* et avec elle, ce qui est écrit est écrit. Elle s'est confessée de ses noirceurs envers les Pères de la Compagnie de Jésus ; elle les a franchement déclarés absous de ses accusations ; et j'espère bien qu'elle n'est pas capable de s'en dédire.

Il ne reste donc plus que les royalistes de la *jeune France* à tranquilliser. Comme il leur faut plus de raisons qu'aux autres, en voici encore quelques-unes que j'ai réservées pour eux. Ayant été les premiers et les seuls à se récrier dans le temps sur l'injuste signature qu'on avait surprise à ma bonne foi, contre les jésuites, ils doivent sentir combien j'ai dû être tenté de les préférer à d'autres, pour une marque de confiance et de faveur à laquelle j'attachais naturellement une pensée secrète de réparation. Placé comme je viens de le dire entre l'égalité de mérite, il était tout simple que j'inclinasse vers le mérite victime d'une erreur, et blessé par une injustice.

Quoique je n'eusse pas fait aux autres membres du clergé de France tout le bien que j'aurais voulu, et dont je les ai toujours reconnus dignes, cependant je n'avais point à me faire de reproches de conscience à leur égard. On ne m'avait point arraché d'actes de proscription contre eux. Seulement je n'avais pas découvert les piéges qui devaient les faire tomber plus tard entre les mains des forçats libérés. Mais à cela près, je ne les avais mis dans le cas d'articuler contre moi aucun fait d'oppression ni aucun grief sérieux. Par conséquent, ils n'avaient point de marques de repentir à exiger de moi; et ils sont trop honnêtes gens pour ne pas sentir que ma justice a dû courir au plus pressé.

Après cela, ma préférence pour les jésuites est encore facile à expliquer par leur position et par la mienne. Il y avait entre eux et moi similitude d'exil et d'infortune. Ils se trouvaient plus immédiatement sous ma main que tous les autres prêtres éclairés auxquels j'eusse pu songer. Enfin, par la nature de leur vocation, ils vivent habituellement en état de disponibilité dans le sacerdoce; et s'il est une spécialité qui puisse être assignée à leur ministère, c'est celle de l'enseignement. Or, c'est là précisément le soin qui m'occupe pour l'enfant que la Providence a fait descendre de soixante rois très-chrétiens.

Si tous les royalistes ne comprennent pas ces choses-là, c'est qu'ils ont hérité de la monomanie des comédiens de quinze ans; avec cette différence que les comédiens de quinze ans étaient des fourbes, tandis que les royalistes de la jeune France seraient des dupes. Mais parce qu'il se rencontrerait beaucoup de gens qui auraient la vue malade, ce n'est pas une raison pour que ceux qui l'ont meilleure renoncent à s'en servir.

QUATRIÈME MÉDITATION

DE CHARLES X.

Puisqu'on annonce que *les rois s'en vont*, le plus grand service qu'on ait à leur rendre, c'est de les mettre de bonne heure à l'école de l'adversité, pour y apprendre les vicissitudes auxquelles ils sont exposés. Dans ma position de proscrit, le hasard m'a fait découvrir la meilleure de ces écoles : c'est celle des jésuites. Je n'en connais aucune qui ait autant de persécutions, d'injustices et de plaies à montrer. A la vue de ces caractères si fortement exercés à la patience, de ces courages que la foi rend invincibles, de ces têtes toujours courbées sous quelque oppression, et jamais abattues, il semble que l'esprit et le cœur se sentent retrempés, et qu'on puise la résignation à sa vraie source. La manière dont un jésuite porte les revers a quelque chose de ferme et de naturel qui dénote l'habitude, et qu'on regrette de ne pouvoir imiter quand on a

besoin de force et de vertu. Endurci aux rigueurs
et aux grandes épreuves de la vie, il excelle au
plus haut degré dans l'art de souffrir ; et à le
voir dans les exils, on dirait qu'il est là comme
chez lui.

Son exemple est donc encore plus instructif
que ses leçons ; et dans ces temps mauvais, rien
de meilleur ne saurait être montré aux jeunes
princes qu'on veut mettre en état d'avoir quelque chose à opposer aux terribles enseignemens
de l'adversité. Comme ils sont toujours assez
bien élevés pour la bonne fortune, c'est à la
mauvaise qu'il importe de les préparer. Quand
il n'y aurait que cette considération, l'école des
jésuites est celle qui convient le mieux à mon
petit-fils. Il est bon qu'il ait sous les yeux des
hommes qui lui apprennent à recevoir le mal et
le bien avec la même égalité d'âme ; à ne se
plaindre ni à s'étonner de rien, et à se faire un
caractère plus fort que tous les revers.

Ceux-là sont comme choisis pour lui servir de
leçons vivantes, et lui enseigner les tribulations.
Ils n'ont pas à sortir de chez eux pour cela. Je
leur connais d'ailleurs une qualité particulière
dont je fais grand cas, c'est de savoir se taire sur
le mal qu'on leur fait, et de n'en point fatiguer
les autres. S'il n'y avait eu qu'eux pour m'avertir

que leur dernière proscription était une rigueur
imméritée, je serais encore à m'en douter. Comment ne pardonneraient-ils pas les injures, puisqu'ils ne s'en aperçoivent point? Ceci est essentiel pour le duc de Bordeaux, qui en aura aussi
beaucoup à oublier; et je tiens à ce que ses sages
précepteurs lui fassent connaître, sur un point
aussi essentiel, les avantages de leur excellente
méthode.

Une chose qui importe également beaucoup à
son bonheur et à celui des autres, c'est qu'on lui
fournisse les moyens de se bien pénétrer des exi-
gences de ce siècle de progrès et de perfection-
nement. D'abord, ce siècle veut des princes qui
sachent apprendre et oublier; car le contraire
m'a été sévèrement reproché, quoique les libéraux aient toujours plus gagné que perdu à ce
que je n'eusse pas bonne mémoire. Mais enfin
puisqu'ils désirent, d'une part, qu'on apprenne,
et de l'autre qu'on oublie, les jésuites sont ex-
trêmement propres à leur donner satisfaction
sur ces deux points. Personne n'est plus en état
qu'eux d'enseigner à mon petit-fils ce qu'il doit
savoir comme homme, et oublier comme chrétien.

Une autre pensée occupe ensuite fortement
les hommes progressifs de cette époque, c'est
celle des gouvernemens à bon marché : j'espère

que, sous ce rapport, les jésuites répondront encore à leur attente. Je ne connais pas bien la
théorie de leur petit gouvernement; mais il faut
qu'elle soit bonne pour leur avoir procuré les
moyens de secourir tant de malheureux dans
tous les pays où ils ont pu fonder des maisons
d'enseignement. Les effets et les résultats sont là
pour faire apprécier les causes; et quand on a
trouvé le secret de nourir des milliers de pauvres avec les modiques épargnes d'un collége,
assurément on est dispensé de faire ses preuves
de bonne administration et d'économie.

Que cependant les hauts dignitaires et les
gros bénéficiers de la révolution de juillet ne s'y
trompent pas : s'ils devaient continuer à tailler
dans les budgets d'aussi larges morceaux que
ceux qui leur sont échus depuis qu'ils ont la
main dans les poches des contribuables, il n'y a
point de jésuites capables de former le duc de
Bordeaux dans la science des gouvernemens à
bon marché. Ils auraient beau vouloir lui faire
honte des prodigalités qui ont été si amèrement
reprochées à mon règne, il serait hors de leur
pouvoir de faire descendre seulement jusque-là
les rabais promis par MM. les économistes de
l'école actuelle.

D'après les observations qui précèdent, il de-

4

vient inutile de rassurer les libéraux contre les
leçons d'ambition qu'ils auraient pu craindre de
la part des Pères de la Compagnie de Jésus : il y
a long-temps que j'ai par devers moi des données
qui ne permettent pas de concevoir des inquié-
tudes de ce genre. Avant d'avoir appris à distinguer les jésuites des autres prêtres catholiques,
il m'était arrivé d'en nommer quelques-uns aux
premières dignités de l'Eglise, sur leur haute réputation de savoir et de vertu (1) : c'était pure
ignorance de ma part ; et quoiqu'on me fît alors
passer pour être affilié à leur Compagnie, de la
manière du monde la plus ridicule, en vérité je
ne savais pas un mot des règles de leur Institut ;
car elles m'auraient appris que toute ambition
leur est sévèrement interdite en matière de tem-
porel, et qu'ils s'imposent l'obligation de n'aspi-
rer à rien de plus qu'à leur vie de tribulation et
d'épreuves. Il me souvient même que ce fut à
l'occasion de leurs refus d'évêchés qu'il m'arriva
de savoir, pour la première fois, combien ils
étaient propres à enseigner la science que les
promoteurs de gouvernemens à bon marché ont
tant fait rétrograder depuis trois ans, à la grande
honte des Chartes-vérités et de leurs promesses.

(1) *Voyez* la note (5) à la fin.

Pour le dire en passant, je ne m'en suis pas
tenu à connaître leur théorie de gouvernement
à bon marché; l'état présent de mes affaires m'a
naturellement conduit à vouloir m'en faire l'ap-
plication; et c'est une bonne fortune véritable
pour moi, que d'avoir pu rencontrer des prêtres
modestes dont les services sont aussi peu coû-
teux et les besoins aussi bornés que ceux des jésuites. Les immortels de juillet savent à quoi ils
ont réduit ma liste civile, et ils doivent trouver
tout naturel que je cherche à courir comme eux
après le bon marché; car ils n'imaginent pas sans
doute, parce que j'ai des parens riches, que cela
me soit d'un grand secours. Ils se tromperaient
beaucoup, certainement; et si j'arrive à n'avoir
plus de ressources que de ce côté-là, Dieu sait ce
que je deviendrai! C'est alors que la jeune France
royaliste me pardonnera, j'espère, d'avoir choisi
deux jésuites pour apprendre au duc de Bordeaux et à moi à vivre d'économie.

En tout cas, je ne me repentirai jamais d'a-
voir fait entrer cette connaissance dans son éducation. Quand elle ne lui servirait un jour qu'à
repousser les riches mendians d'emplois qui,
après avoir pressuré d'énormes budgets, viennent encore tendre la main pour qu'on leur aide
à marier leurs filles, ce serait toujours lui avoir

appris quelque chose de bon. Sur ce point, je ne puis assez recommander à ses nouveaux maîtres de le prêcher tant qu'ils voudront.

Enfin, comme je tiens à m'expliquer ouvertement devant les royalistes, aussi bien que devant les autres, je ne veux point leur laisser ignorer un dernier motif qui m'a déterminé pour l'école des jésuites. Outre qu'elle est favorable à l'oubli des injures et à l'étude des gouvernemens à bon marché, j'y trouve un avantage particulier qui se rattache à la position du duc de Bordeaux et à la mienne. Nous avons besoin tous deux, pour nous fortifier, d'un exemple parlant où se réfléchisse l'image de la spoliation, et qui nous enseigne la manière de supporter cela noblement, sans irritation et sans rancune : or, il semble que les jésuites aient été créés tout exprès pour nous offrir l'exemple et l'image que nous cherchions. Jamais on n'a été plus souvent qu'eux dépouillé de ses droits et de ses biens ; jamais ils n'ont pu acquérir un gîte ni un lieu de repos nulle part, sans qu'on soit venu les y troubler et les en évincer : à peine sont-ils parvenus, par de rigoureuses économies ou de pieuses offrandes, à former quelque établissement pour l'instruction de la jeunesse et le soulagement des malheureux, qu'on s'est présenté, au nom de la phi-

losophie et de sa sœur la philantropie, pour se
jeter sur eux, pour les dépouiller et les réduire à
la misère. Leurs moindres prospérités ont cons-
tamment éveillé la cupidité et la rapine ; toujours il est apparu quelque Bricqueville pour
faire adopter contre eux des arrêts de confisca-
tion et de bannissement.

Or, on ne saurait imaginer combien leur noble
résignation et leur force de caractère sont propres à nous soulager et à nous consoler, mon petit-fils et moi. C'est une leçon qui fait entrer la
patience évangélique dans l'âme, quand on n'y
serait pas disposé. Ils sont pour nous, en quelque
sorte, ce que Virgile a voulu exprimer par son
lacrymæ rerum. Réellement, nous sommes trop
heureux d'avoir pu nous rencontrer avec des
compagnons d'infortune aussi maltraités que ceux-
là, et aussi insensibles à la spoliation ; cela donne
du cœur, et on serait tenté de croire que c'est
l'état de proscription qui a fait inventer le pro-
verbe : *Qui se ressemble s'assemble.*

Ce n'est pas que le clergé séculier de France
n'ait aussi de profondes blessures et de beaux
exemples de courage chrétien à montrer. Mais
heureusement il n'est pas encore dépouillé comme
les jésuites, chassé de ses foyers comme les jésuites, frappé de mort civile comme les jésuites.

Si jamais (ce qu'à Dieu ne plaise!) la spoliation et les persécutions viennent à l'atteindre au même degré, je ne mettrai point de différence entre les droits qu'ils auront tous à ma compassion. Jusque-là, je prie les royalistes de *la jeune France* de me laisser consoler les plus malheureux.

La manière dont j'ai résolu mes doutes, et pesé mes motifs dans ces *Méditations*, ne me préservera peut-être pas des nouveaux assauts que l'esprit d'intrigue, l'obsession et le faux zèle pourront venir me livrer. Mais s'il me reste des amis, j'espère qu'ils épargneront à mon âge et à ma dignité royale, la disgrâce qu'il y aurait pour moi à leur sacrifier des convictions aussi profondes, et des raisons de conduite aussi solidement établies.

FIN.

Notes.

NOTE (1). — Ceci se rapporte sans doute à Mme de Pompadour. Ayant voulu obtenir une place de dame du palais de la reine, afin de pouvoir affaiblir un peu le scandale du rôle qu'elle jouait à la cour de Louis XV, elle imagina de se faire dévote jusqu'à ne pouvoir plus lire que des livres de piété. Comme il fallait joindre à cela quelque chose de plus extérieur et de plus propre à faire sensation, elle s'occupa de chercher un confesseur qui voulût se prêter à la faire approcher des sacremens sous les yeux de la reine et de la cour. Elle ne le trouva point dans le Père de Sacy, jésuite de la maison professe, à qui elle s'adressa. Quoiqu'elle eût fait fermer les portes de communication de son appartement avec celui du roi, le Révérend Père exigea probablement qu'elle commençât par retourner chez son mari, pour plus de sûreté.

Toujours est-il que la chose ne s'arrangea point comme elle l'aurait désiré, et que la marquise de Pompadour en garda une terrible rancune aux jésuites. Ce qui acheva de la mettre hors d'elle-même contre eux, fut un sermon noble et hardi qu'un autre Père de la Compagnie prêcha devant la cour le jour de la purification de la Vierge. On imagine bien que ce sujet ne fut pas présenté par lui de manière à ce que la purification parût consister uniquement à fermer une porte de communication d'appartement. Mme de Pompadour crut du moins y voir autre

Notes.

NOTE (1). — Ceci se rapporte sans doute à Mme de Pompadour.

chose ; car elle sortit du sermon, rouge de confusion et
de colère. A partir de là, elle n'eut plus de repos que les
jésuites ne fussent écrasés. En cela, elle fut merveilleuse-
ment secondée par le duc de Choiseul, fin courtisan qui
sut calculer du premier coup-d'œil combien la faveur
d'une maîtresse de roi pouvait lui rapporter de plus que
celle des jésuites.

Note (2). — Certainement la remarque de Charles X
est sans réplique, si Mᵐᵉ la duchesse de Berri a conservé
pour les jésuites la confiance et les sentimens de haute estime qu'elle manifestait publiquement pour eux dans toutes les occasions, à l'époque où leurs colléges furent sacri-
fiés à l'esprit de vertige qui régnait alors. Antérieurement
au voyage dont il est question ici, on l'avait vue s'arrêter
en Picardie pour visiter la célèbre maison de Saint-Acheul.
Elle l'examina jusque dans ses moindres détails, laissant
échapper à chaque instant des paroles de surprise et d'admiration qui approchaient presque des beaux effets d'en-
thousiasme que la vue du même établissement avait pro-
duit quelque temps auparavant sur M. Dupin. Dortoirs,
cuisines, salles, classes, chapelle, maison, jardins, elle
paraissait prendre un plaisir infini à parcourir dans toutes
ses parties ce magnifique tableau des plus pures et des
plus brillantes études de l'époque. Ramenant tout à ses
pensées d'avenir pour le duc de Bordeaux, elle ne souhai-
tait rien de mieux pour lui, disait-elle ; tant ce qu'elle
voyait lui paraissait satisfaisant et parfait.

En apprenant la ruine de ces établissemens pendant le
voyage qu'elle faisait alors, un sentiment de générosité
noble, relevé encore par ses pressentimens sinistres, lui
fit braver la politique concessionnaire du temps, pour

n'écoute; que sa grandeur d'âme et ses inspirations naturelles. Deux maisons de jésuites se rencontrèrent sur son
itinéraire ; elle les visita, quoique supprimées et frappées
de l'anathême avant-coureur de la révolution ; elle ne
craignit pas de dire hautement aux vénérables proscrits :
« Mes bons Pères, on vous a chassés sans oser vous nom-
« mer ; soyez sûrs que plus tard on osera vous rappeler en
« vous nommant. »

Si cette noble et grande princesse était capable de tenir
aujourd'hui un autre langage, cela ne prouverait qu'une
seule chose : c'est qu'elle céderait à des influences mauvaises qui se seraient emparées d'elle pour la diriger en
contre-sens de ses inspirations naturelles, de sa clair-
voyance et de son esprit. Mais alors il resterait à dire
que les conseils qui lui viennent d'elle-même valent mieux
incontestablement que ceux qui lui viennent des autres.

Au surplus, rien n'autorise à dire ni à penser que
MADAME ait changé de sentiment au sujet des jésuites ; et
ceux qui se permettent de lui prêter une autre manière de
voir sont nécessairement des faussaires. Car elle était en
mer, et elle ignorait les changemens survenus à Prague
dans l'éducation de son fils, lorsqu'ils ont osé se substituer
à elle pour lui attribuer leur propre extravagance et leur
colère, en annonçant qu'elle allait se rendre auprès de son
auguste famille pour lui donner une bonne leçon, et cas-
ser tout ce qui venait d'être fait. Il faut être accoutumé
comme nous le sommes aux pétaudières de la politique,
pour ne pas s'étonner de ces choses-là. La vérité est qu'il
y avait dans ce moment à Paris une espèce de tête perdue
qui arrivait, toute chaude de disgrâce et de vengeance,
pour remuer les esprits et les journaux de la jeune France
royaliste, en criant miséricorde et fuyant la malédiction

qu'elle croyait avoir été apportée en Bohême par deux jésuites. Il paraît que c'est sur la garantie de cette imagination malade qu'on n'a pas craint d'attribuer à Mme la duchesse de Berri une sorte de plan d'insurrection contre sa famille ; pensée si indigne de l'élévation de son caractère et de ses sentimens connus.

NOTE (3). — Il est certain que Charles X aurait pu à toute force échapper à l'inconvénient de faire un choix qui l'eût nécessairement exposé à s'entendre reprocher les jésuites : il lui aurait suffi, pour cela, de s'adresser à l'église de l'abbé Châtel ; à moins qu'il n'eût mieux aimé envoyer chercher un précepteur pour son petit-fils dans un diocèse *in partibus* d'Afrique, ou demander quelqu'un de confiance au *Constitutionnel*.

NOTE (4). — Cette observation de Charles X est on ne peut mieux fondée. Il ne lui a servi de rien, dans le temps, d'avoir choisi Mgr l'ancien évêque de Strasbourg, plutôt qu'un jésuite, pour lui confier l'éducation du duc de Bordeaux. Jamais les journaux révolutionnaires et leurs lecteurs n'ont prononcé le nom de *M. l'abbé Tharin*, sans y joindre la qualification de *jésuite* : c'est tout au plus si les comédiens de quinze ans sont guéris maintenant de leur idée fixe à ce sujet. Qu'on aille demander dans les bureaux du *Constitutionnel* ou du *Courrier français* ce qu'est devenu M. l'abbé Tharin, ils vous diront qu'il est *retourné* à Fribourg ou à Saint-Sébastien avec les Pères de sa Compagnie. Certainement ils ne se le figurent pas ailleurs que dans une cellule de *jésuite*, et on vous défie de remettre en harmonie cette fibre dérangée de leurs cerveaux.

Lisez ensuite la *Gazette des Tribunaux*, cette feuille que M. le premier président Séguier reconnaît comme quasi-officielle : vous y verrez les anciens missionnaires de France cités comme *jésuites* en toute occasion. Mgr l'évêque de Nanci n'est pas désigné sous un autre nom. Le journal quasi-officiel de M. Séguier considère très-sérieusement l'illustre prélat comme *le chef des jésuites*. Il n'entre pas dans l'esprit d'un patriote que le Mont-Valérien ait pu être concédé par le gouvernement des Bourbons à d'autres qu'à des *jésuites*. On y donnait des missions et des retraites : c'étaient des *jésuites*. On y faisait des processions : c'étaient des *jésuites*. Les fidèles s'y rendaient en pélerinage : c'étaient des *jésuites*. Il s'y faisait des prières publiques et des sermons : c'étaient des *jésuites*.

Il est vrai que les *accusés* n'ont jamais fait de grands frais pour se défendre de cette *odieuse imputation*. Ils se sont laissés appeler *jésuites* tant qu'on a voulu. Ils comprennent que le nom est bon à garder, en voyant surtout qu'on ne le leur donne qu'à cause de leur piété, de l'édification de leur vie, et de l'excellence de leur prédication.

Note (5). — Charles X avait effectivement offert des évêchés à des jésuites, qu'il ne connaissait que comme prêtres par leur réputation de savoir et de sainteté. On peut se rappeler notamment le Père Mac-Carthy, qui se trouva nommé à son insu à l'évêché de Montauban. Mais après avoir renoncé à une existence magnifique dans le monde, à des titres de haute noblesse et aux plus beaux liens de famille pour venir partager les austérités de la Compagnie de Jésus, il était à croire qu'aucune autre

perspective ne le détournerait d'une vocation aussi pro-
noncée, et d'une résolution prise indubitablement avec
une parfaite connaissance de cause.

FIN DES NOTES.

www.ingramcontent.com/pod-product-compliance
Lightning Source LLC
Chambersburg PA
CBHW070936280326
41934CB00009B/1891